LES

RUINES

DE

PÆSTUM.

LES
RUINES
DE
PÆSTUM,
AUTREMENT
POSIDONIA,
VILLE DE L'ANCIENNE GRANDE GRECE,
AU ROYAUME DE NAPLES:
OUVRAGE CONTENANT

L'hiſtoire ancienne & moderne de cette Ville ; la deſcription & les vues de ſes antiquités ; ſes inſcriptions, &c.

AVEC des obſervations ſur l'ancien Ordre Dorique.

Traduction libre de l'anglois imprimé à Londres en 1767.

Par M * * *.

Et à laquelle on a joint des gravures & des détails concernant la ville ſouterraine d'*Herculanum*, & autres antiquités, principalement du Royaume de Naples ; deux petits Tombeaux de *Villa Mathei* ; des Vues du mont Véſuve, de Capoüé ; & une Carte exacte des lieux dont il eſt parlé dans cet Ouvrage.

A LONDRES,
Et ſe trouve
A PARIS, RUE DAUPHINE,

Chez CHARLES-ANTOINE JOMBERT, Libraire du Roi pour l'Artillerie & le Génie, à l'Image Notre-Dame.
Et chez l'AUTEUR des gravures, rue des Arcis.

M. DCC. LXIX.

A MONSIEUR
LE MARQUIS
DE MARIGNY,

Confeiller du Roi en fes Confeils, Commandeur de fes Ordres, Lieutenant Général des Provinces de Beauce & d'Orléanois, Directeur & Ordonnateur Général des Bâtimens du Roi, Jardins, Arts, Académies & Manufactures Royales, Gouverneur des Villes de Blois, Sueve & Menars, & Capitaine Gouverneur du Château de Blois.

MONSIEUR,

L'Ouvrage que j'ai l'honneur de vous offrir, renferme des gravures intéreffantes, dont la plupart vous doivent leur exiftence. Le nom de Pœftum fortoit à peine du profond oubli dans lequel il étoit enfeveli depuis plufieurs fiecles, lorfqu'en 1750, le defir d'ajouter de plus exactes connoiffances de l'antiquité à toutes celles que vous poffédiez déja, vous détermina à

a

faire le voyage d'Italie. Pour en tirer plus d'avantage, vous fîtes choix de quelques Artistes, connus par leurs ouvrages, qui vous y accompagnerent; l'un d'eux leva les plans des temples de Pœstum, & mesura les restes considérables de ces précieux monumens des Grecs, ce que personne n'avoit fait avant lui: nous prîmes aussi ensemble les mesures, & fîmes les desseins de quelques autres gravures que j'ai jointes à celles de Pœstum. Pouvois-je les mettre au jour sous d'autres auspices que les vôtres ? Daignez, MONSIEUR, agréer un hommage si légitime. Les lumieres de l'homme en place éclairent tous ceux qui l'approchent ; son zele échauffe tous ceux qui l'environnent ; les Arts lui doivent les fruits que produisent tous les talens qu'il encourage.

Je suis avec un très-profond respect,

MONSIEUR,

Votre très-humble & très-
obéissant serviteur,
DUMONT.

AVANT-PROPOS

DU TRADUCTEUR.

IL a paru à Londres en 1767 un ouvrage anonyme, imprimé chez B. White, pour le compte de l'auteur, & fous le titre de *The Ruines of Pæftum*, &c. c'eft-à-dire, *Les Ruines de Pæftum*, ou *Pofidonia*, *ville de la grande Grece*, *au royaume de Naples*, &c.

Ce volume *in-folio*, *cartâ maximâ*, contient dix-huit pages de texte, & renferme, indépendamment d'une infcription finguliere, qui en décore le frontifpice, quatre grandes planches gravées par J. Miller, fans nom de deffinateur.

La premiere planche repréfente une vue générale des ruines de Pœftum ; la feconde donne à la fois l'élévation perfpective de trois temples, qui font ce que les ruines de Pœftum offrent de plus précieux : on voit fur la planche fuivante l'intérieur de l'un de ces temples, qui étoit *amphyproftile*, c'eft-à-dire, où l'on pouvoit entrer par les deux extrêmités ; enfin le plus petit des trois temples, qui eft de genre *periptere*, ou ayant des colonnes tout à l'entour, fait le fujet de la quatrieme & derniere gravure.

C'eft la traduction libre de cet ouvrage que nous donnons au Public, & à laquelle nous avons ajouté plufieurs notes qui nous ont femblé néceffaires. Elle auroit paru beaucoup plus tôt, fi à l'inftant, pour ainfi dire, qu'elle alloit être mife fous la preffe, nous n'euffions eu avis qu'on préparoit en Angleterre une traduction françoife des *Ruines de Pœftum* ; nous crumes alors devoir au moins fufpendre l'impreffion de la nôtre, pour ne point tomber dans l'inconvénient d'un double emploi. En effet il étoit naturel de préfumer qu'une traduction qui s'imprimoit à Londres en 1768, fous un titre (1) pareil

---

(1) *Les Ruines de Pæftum, ou Pofidonia dans la grande Grece*, par T. Major, *graveur de Sa Majefté Britannique*, *traduit de l'anglois ; à Londres*, *imprimé par J. Dixwell*, *1768.*

au titre du texte anglois qui avoit paru l'année précédente, ne feroit autre chofe que la traduction de ce même texte ; mais la conformité des titres eft la feule reffemblance qui fe rencontre entre les deux productions angloifes, fi ce n'eft peut-être que M. Thomas Major, auteur de la plus moderne, & en même tems le graveur des planches qui l'accompagnent, femble avoir adopté une ou deux des gravures de M. Miller, & s'être feulement contenté de les réduire à une échelle plus petite que dans le volume imprimé en 1767.

M. Thomas Major a négligé d'indiquer cette fource ; mais ce qui nous a paru plus furprenant encore, c'eft le filence abfolu qu'il garde, tant fur le travail du compatriote qui l'a devancé, que fur les gravures de *Pæftum*, qui font partie de l'œuvre de M. Dumont, profeffeur d'architecture à Paris ; on fait très-bien cependant que M. Major avoit eu connoiffance des gravures de M. Dumont plufieurs années avant de publier les fiennes, & que même on lui avoit fait obferver la conformité qui fe rencontroit entre quelques-unes de fes planches & celles de M. Dumont.

Moins avares d'éloges que M. Major, nous ne refuferons pas à fon livre ceux qui lui font dus légitimement. Son texte eft plus étendu que le nôtre, où nous convenons qu'on ne trouve pas de differtation (1) fur les monnoies & fur les médailles de *Pæftum* ; indépendamment de cet avantage, la partie typographique de fon livre laiffe peu à defirer ; très-beau papier, caracteres nets, cul-de-lampes & vignettes agréables, gravures foigneufement traitées ; en un mot on n'a rien épargné de ce qui pouvoit rendre ce livre intéreffant : heureufement les perfections de l'ouvrage de M. Major ne diminuent en aucune maniere le mérite du travail de l'anonyme dont on donne ici la traduction. La matiere, quoique la même, ayant été traitée tout différemment, on a penfé que le Public verroit avec plaifir ces deux objets de comparaifon.

M. Dumont, membre des académies de Rome, Florence

(1) Cette differtation occupe environ le tiers de l'ouvrage.

&

& Boulogne, eft le premier qui ait fait connoître par la gravure (1) les fameux temples de *Pæstum* : il en publia fept planches en 1754, & en expliqua le fujet par un fommaire où étoit nommé l'Artifte célebre (2) qui lui en avoit confié les deffeins : les journaux applaudirent au travail de M. Dumont; & l'auteur de *l'Année littéraire* (3), en particulier, ajouta aux éloges qu'il lui donna dans fes feuilles hebdomadaires, ceux que lui avoit déja donnés l'Académie royale d'Architecture. On voit par l'extrait des regiftres de cette Académie, en date du 17 feptembre 1764, que MM. les Commiffaires rendent juftice aux talents de M. Dumont ; qu'ils reconnoiffent l'utilité que l'Art devoit retirer de fon œuvre en général, notamment des gravures concernant Saint Pierre de Rome, & les paralleles de plufieurs grands théatres d'Italie & de France ; qu'ils déclarent enfin " qu'ils ont vu avec plaifir que M. Dumont a mis „ au jour des plans & élévations des temples de *Pæstum* ou „ *Pofidonia*, ville affez confidérable de la grande Grece, près „ de Salerne, qui font d'autant plus importans pour l'archi„ tecture, qu'ils donnent connoiffance de l'ordre dorique dans „ des tems rapprochés de fon origine „.

C'étoit donc feconder les vues de l'Académie, (& tel a été principalement notre deffein) que de traduire le texte anglois imprimé en 1767, & de le joindre aux gravures de M. Dumont. Ses planches anciennes font aujourd'hui augmentées, 1°. d'une vue générale de la ville de *Pæstum*; 2°. de l'infcription d'un *farcophage* déterré aux environs de cette ville, toutes deux d'après M. J. Miller.

Par une fingularité qui mérite d'être obfervée, M. Miller a jugé à propos d'orner fa planche du *farcophage*, de quatre empreintes de médailles ou monnoies, dont notre texte de

(1) Nous faififfons avec empreffement cette occafion-ci pour annoncer au Public qu'on trouve des notes fur la ville de *Pæstum*, dans le *voyage d'un François en Italie, fait en 1765 & 1766*. Cet ouvrage, qui vient de paroître chez Defaint, en huit volumes *in-12*, renferme les plans de toutes les grandes villes d'Italie : on y lit des détails auffi inftructifs fur l'ancien *Pæstum*, que neufs fur d'autres objets en général ; tels en un mot qu'on devoit les attendre d'un philofophe accoutumé à bien voir.

(2) Voyez la feconde note de la préface qui fuit, pag. 10.

(3) Année 1766, pag. 263.

1767 n'a fait aucune mention ; & d'un autre côté M. Thomas Major n'a point parlé du *sarcophage*, quoique cette antiquité soit digne d'attention : mais dans sa differtation sur les monnoies de *Pæstum*, il rapporte, d'après Goltzius, les médailles ou pieces de monnoies dont M. Miller a donné les empreintes. Ces deux auteurs ferviront de fupplément l'un à l'autre ; & M. Major nous fournira l'explication qui manque dans M. Miller.

Les deux empreintes de la droite, c'est-à-dire, la médaille ou piece de monnoie, qui fur l'une de fes faces offre la figure d'un cheval à mi-corps, & fur le revers un pampre chargé de fruits, paffe pour la feule médaille de *Pofidonia* qui ait été frappée en or. Nous penfons que la médaille de la gauche eft d'argent, & nous fondons cette conjecture fur fon analogie avec la piece de même métal, rapportée comme la précédente par M. Thomas Major, d'après Goltzius. On y voit d'un côté Neptune menaçant, & de l'autre un taureau. Cependant, outre quelque légere différence dans les tridens & les draperies, notre médaille a de plus que celle de M. Thomas Major, une légende compofée des premieres lettres grecques du mot *Pofidonia*, qui fe lifent de la droite à la gauche ; le dieu des mers y eft auffi repréfenté dans une attitude plus animée.

A ces eftampes nouvellement gravées, M. Dumont en ajoute huit autres, qui paroîtront d'autant moins déplacées à la fuite des *Ruines de Pæstum*, que la plupart des fujets qu'elles repréfentent fe trouvent pareillement au royaume de Naples.

Ces huit planches font :

1°. Le réfervoir d'Agrippa, ou autrement, *pifcina mirabilis*, fitué entre Bayes & le cap de Myfene.

Les plan & coupe de ce vafte édifice confirment bien la haute idée que nous ont laiffé les Romains de la grandeur de leurs monuments ; celui-ci, qui eft entierement voûté, porte dans œuvre deux cents huit pieds de longueur fur quatre-vingt de large, & nous a paru pouvoir contenir au-delà de trois cents trente mille pieds cubes d'eau. Mais d'où la tiroit-on pour le remplir ? C'eſt ce que ne nous apprennent pas MM. Cochin & Bellicard, dans l'ouvrage (1) deſquels ſont rapportés & gravés en petit avec le réſervoir dont il eſt queſtion, deux autres monuments dont on va parler. Des antiquités auſſi précieuſes méritoient d'être gravées ſur une échelle beaucoup plus grande que celle à laquelle le format *in-12* du livre de MM. Cochin & Bellicard les avoit obligés de ſe réduire.

2°. Le plan du *forum*, ou peut-être (2) du *chalcidique* de la ville d'*Herculanum*.

La même feuille contient encore les plans de deux temples qui étoient contigus au *forum*. Le cabinet du Roi de Naples à Portici a été enrichi des dépouilles de cet édifice, entr'autres de pluſieurs peintures à freſque, & de la ſtatue équeſtre de M. Nonius Baldus, que les auteurs des mêmes *obſervations ſur Herculanum* (3) regardent comme l'un des plus beaux morceaux de l'antiquité.

3°. Les plan & profil d'un caveau qu'on croit avoir été la ſépulture de quelque famille d'*Herculanum* (4).

L'architecte avoit ménagé au pourtour, dans l'épaiſſeur des murs, neuf petits enfoncements dans leſquels étoient logés des vaſes de terre ſimplement recouverts d'une tuile : au-deſſus de ces eſpeces de niches quarrées on voyoit, en caracteres rouges & négligemment tracés, les noms des perſonnes dont les reſtes repoſoient dans ces urnes cinéraires. M. le Marquis de Marigny qui ſe trouvoit à Naples en 1750, fut le premier qui pénétra dans ces ténébreuſes catacombes, par le paſſage que les ouvriers venoient d'ouvrir. Près du ſentier qui conduiſoit à ce caveau, on avoit découvert un édifice de grande

---

(1) Cet ouvrage curieux a pour titre : *Obſervations ſur les antiquités d'Herculanu m*. Ses auteurs le publierent en 1750, à leur retour d'Italie, où ils avoient accompagné M. le Marquis de Marigny.

(2) Suivant Philander, le *chalcidique* étoit le lieu où ſe fabriquoient les monnoies, ou bien dans lequel ſe jugeoient les affaires qui y avoient rapport.

(3) Voy. Obſervat. ſur les antiquités d'Herculanum, pag. 57.

(4) On doit obſerver que M. Dumont n'a point tiré de l'ouvrage de MM. Cochin & Bellicard les deſſeins des monumens gravés dans les trois planches ci-deſſus. Il en a lui-même pris les meſures, & levé les plans ſur les lieux.

apparence, dont on ignoroit l'ancienne deftination ; les veftiges de ce monument fe trouvent pareillement repréfentés dans cette planche.

4°. & 5°. Deux tableaux, dont l'un donne le plan, & l'autre l'élévation du mont Véfuve, tel qu'il étoit en 1750, lorfque MM. Souflot & Dumont furent eux-mêmes à portée d'en juger & d'en mefurer les diverfes parties.

Après avoir parlé d'*Herculanum*, ville jadis fi floriffante, mais devenue tout à coup fouterreine (1) par l'immenfité des matieres ardentes qu'entraînerent les torrents enflammés du Véfuve, il falloit préfenter fur la fcène, à fon tour, ce rapide & terrible agent de la nature.

6°. La planche qui fuit immédiatement après celles du Véfuve, repréfente une vue de la *délicieufe* ville de Capoue, dans le lointain de laquelle on diftingue le volcan dans un moment d'explofion.

7°. & 8°. La repréfentation de deux petits *coffres cinéraires* antiques de *Villa Mathei*, près de Rome ; ils font en forme de tombeaux, & l'on croit qu'ils paroiffent pour la première fois, quoiqu'ils euffent mérité plutôt les honneurs de la gravure.

9°. Enfin, la collection qui, au total, confifte en dix-huit planches, eft terminée par une carte géographique, qui fixe la vraie pofition de *Paftum*, & comprend en même tems les autres lieux dont on a fait mention dans ce volume.

Nous fuppléons avec plaifir à l'oubli des deux auteurs Anglois, qui l'un & l'autre ont également négligé un moyen fi propre à faciliter l'intelligence d'un ouvrage tel que celui-ci.

(1) Ce fut au commencement du regne de Titus qu'arriva cette terrible cataftrophe.

PRÉFACE
DE L'AUTEUR.

VERS l'année 1755 (1), l'éleve d'un peintre de Naples étant en vacances à Cappacio sa patrie, la chasse ou la promenade le conduisirent sur des collines qui environnent l'ancien territoire de *Pæstum*; il n'y apperçut pour toute habitation qu'une métairie couverte de paille, & tenue par un métayer, qui cultivant les meilleures parties du terrein, tenoit les autres en réserve pour la pâture de ses bestiaux; les ruines de l'ancienne ville faisoient partie de cette réserve. De la colline d'où on les découvroit, ces ruines avoient frappé les yeux du jeune éleve, qui s'en étant approché, vit avec étonnement des ramparts & des portes encore subsistantes, des rues dont on pouvoit suivre l'allignement, des édifices publics & des temples, dont le tems avoit respecté la solidité. En revenant à Cappacio, l'artiste consulta la tradition du voisinage sur ces monumens; & il apprit que de tems immémorial ce terrein étoit inculte & abandonné; que depuis dix à douze ans le métayer, dont il avoit vu l'habitation, s'étoit avisé de s'y établir; qu'ayant fouillé les masures qui environnent cette habitation, il y avoit trouvé des trésors qui l'avoient enrichi, & mis en état de prendre à cens ce terrein vague & inhabité.

De retour à Naples, le jeune éleve s'empressa de faire part de sa découverte à son maître, qui voulut aller lui-même à *Pæstum*, & qui étant sur les lieux, en leva les principales vues (2), & les communiqua au Roi de Naples, lequel ordonna

(1) Les *nouveaux mémoires, ou observations sur l'Italie, par deux gentilshommes Suédois,* & dont la prétendue traduction françoise parut en 1764, ayant fourni à l'auteur des *Ruines de Pæstum* une partie des faits qu'il a rapportés dans sa préface, le traducteur ne s'est fait aucun scrupule d'employer les propres expressions des *nouveaux mémoires,* lorsqu'elles se sont trouvées absolument conformes au texte anglois; mais il croiroit s'exposer à de justes reproches, s'il n'indiquoit pas cette source. Voyez donc le tome III, pag. 86 desdits *mémoires,* dont l'auteur (M. Grosley, de Troyes en Champagne) auroit pu, sans risque, attendre sous son propre nom le jugement du Public.

(1) L'auteur Anglois s'écarte en cet endroit du texte françois qu'il avoit adopté. Ce texte ne dit pas que le peintre Napolitain ait levé les vues de *Pæstum*; mais il dit que M. le Comte de Gazola, grand maître d'artillerie, en fit lever sous ses yeux les plans & élévations; qu'il occupoit les meilleurs artistes de Naples à les graver chez lui, & qu'il conduisit sur ces ruines le Roi lui-même, qui les avoit assignées pour le rendez-vous d'une grande chasse.

Quoiqu'en général l'histoire soit un peu embellie, on ne prétend contester ni aux dessina-

en conféquence d'enlever la terre & les décombres qui déro-
boient l'afpect de ces ruines précieufes , & rompit ainfi le
fombre voile fous lequel giffoit la ville de *Pæftum*, depuis
plus de fept cents ans, également ignorée de fes voifins & des
voyageurs.

L'hiftoire de cette ville, l'exacte defcription de ce qui nous
en refte, les figures foigneufement gravées de fes ruines, notamment celles de trois temples, dont le genre d'architecture
annonce la plus haute antiquité, font le fujet de cet ouvrage.
On a tâché de le rendre intéreffant, foit en rapportant les diverfes opinions qui ont partagé les favans fur la curieufe infcription d'un farcophage antique trouvé aux environs de *Pæftum*,
foit en y joignant quelques obfervations fur l'ordre dorique
confidéré dans les tems les plus voifins de fon origine.

Cependant, comme la matiere que l'on traite dans cet écrit
femble plutôt du reffort des favans en général & des antiquaires,
que propre à former des architectes, on a évité de le rendre
volumineux par des détails de mefures. On s'eft déterminé d'autant plus volontiers à les fupprimer, qu'elles feront inceffamment
publiées par M. le Comte de Gazola, grand maître d'artillerie
du Roi de Naples (1). D'ailleurs, qu'il foit permis de le dire,
l'exactitude minutieufe (2) à laquelle il femble que les écrivains,

teurs de M. le Comte de Gazola, ni au peintre de Naples lui-même, d'avoir deffiné des vûes
de *Pæftum* ; mais il n'en eft pas moins vrai qu'avant M. Souflot perfonne n'avoit levé les plans
des temples dont il s'agit ; qu'en 1750 il en prit les dimenfions, & qu'il en figura géométri-
quement les élévations. D'où il réfulte, 1°. que les mémoires d'après lefquels a écrit M. Grofley,
n'ont pas été toujours exacts quant aux dates, puifqu'il n'y peut être queftion de découvrir ,
vers l'année 1755, une ville que M. Souflot avoit vifitée plufieurs années auparavant. 2°. Qu'ils
n'étoient pas équitables pour la nation Françoife, puifque l'auteur des *Obfervations* abandonne
aux Italiens l'honneur d'avoir, avant tous, mefuré les reftes de *Pæftum* ; tandis qu'on doit ces
premieres mefures au zele actif d'un François. Ce fut M. Souflot, qui étant à Naples, entreprit
le voyage de *Pæftum*, fur le récit qu'il entendit faire au peintre Natalis, de l'impofante majefté
des monumens que renfermoient les murs antiques de cette ville. Nous en avons pour garant
le difcours (p.10), dont M. le Roy, membre & hiftoriographe de l'Académie royale d'Architecture
& de l'Inftitut de Boulogne, a fait précéder le favant & curieux ouvrage qu'il publia dès 1758 ,
fous le titre de *Ruines des plus beaux monumens de la Grece.* Ce font les mêmes deffeins dont
parle M. le Roy, & que M. Souflot confervoit dans fes porte-feuilles depuis 1750, que M.
Dumont mit au jour en 1764, & qui par conféquent ont précédé d'environ trois ans l'ouvrage anglois dont nous donnons aujourd'hui la traduction.

(1) Il nous refte peu d'efpérance de jouir de l'ouvrage annoncé, M. de Gazola ayant quitté
le féjour de Naples pour fuivre fon maître lorfqu'il fut appellé au trône d'Efpagne. On ofe fe
flatter que les détails de mefures qui fe trouvent ici, pourront tenir lieu de ceux que le Public
attendoit de M. le Comte de Gazola.

(2) Quoi qu'en dife l'auteur Anglois, on aura rendu cet ouvrage plus intéreffant pour les
architectes & pour les antiquaires, en donnant des plans exacts, ainfi que des élévations géo-
métrales des temples gravés d'après les deffeins de M. Souflot, & fuivant les mefures qu'il
en prit en 1750. Les planches feront connoître quelles ont été les premieres proportions de
l'ordre dorique ; les détails qu'elles préfentent ne peuvent pas nuire à l'imagination , ni énerver

qui nous ont donné les mesures des ruines de l'ancienne Grece
& de Rome, se soient fait un devoir de s'aftreindre, a beaucoup moins hâté qu'on ne le pense peut-être, les progrès
de l'architecture moderne. L'abus des détails resserre l'imagination, énerve le génie, le détourne de saisir l'ensemble, &
l'empêche de s'élever à ce point de sublime & de grandeur
qui caractérisa la maniere de faire des anciens architectes. Et
en effet, les plus grands maîtres de l'antiquité se sont-ils piqués
de tant de scrupules? A peine rencontre-t-on deux colonnes
ou deux entre-colonnes absolument semblables dans les monumens qu'ils nous ont laissés. Et comme si cette sorte de négligence hardie eût dû rejaillir en quelque sorte jusques sur les
écrits de nos architectes modernes, le célebre Desgodetz,
lui-même, après avoir si soigneusement mesuré les différentes
parties du Pantheon, n'en a pas moins laissé échapper plusieurs
erreurs de mesures dans ses détails du temple de Vesta à Tivoli,
des colonnes de *Campo Vaccinio*, & de plusieurs autres monumens de l'antiquité.

le génie, comme l'auteur Anglois paroît l'avoir craint; ils doivent au contraire contribuer à
l'étendre par l'emploi des différentes proportions, suivant les différentes circonstances. Ils feront
voir que toutes les fois que dans un ouvrage, des parties quelconques ont des rapports entre elles,
& avec le tout, il en résulte un bon effet pour l'ensemble: ce bon effet naît principalement de
l'unité de caractere; & c'est peut-être de ce principe, & non de négligence, que proviennent
les différences des mesures & des détails dans les ouvrages des anciens: car à en juger par
Vitruve, les architectes s'en occupoient, du moins jusqu'à un certain point. Ce n'est pas parce
que cette sorte de négligence hardie devoit rejaillir jusques sur les écrits des architectes modernes,
que l'on trouve quelques erreurs de mesure dans l'ouvrage du célebre Desgodetz. Il peut se faire
qu'il n'y en ait réellement ni dans ses opérations, ni dans celles de l'architecte qui les auroit
vérifiées. Il suffit, pour être discordant sur quelques parties, que le premier ait mesuré dans
un endroit, & le second dans un autre; ces différences viennent de l'exécution, qui ne peut
jamais être parfaitement juste dans de grands édifices. Il est vrai que quand les inexactitudes
n'y sont pas considérables, l'œil ne sauroit les apprécier; & qu'en général l'exactitude scru-
puleusement minutieuse n'y est pas d'une absolue nécessité. *Ubi plura nitent, non ego paucis
offendar maculis.*

Vraisemblablement il ne sera pas difficile de deviner de qui le traducteur tient cette obser-
vation; en tout cas on reconnoîtra aisément qu'elle est de main de maître.

HISTOIRE
DE LA VILLE
DE PŒSTUM.

Posidonia, ou Pœstum, eſt ſitué à environ un mille de la mer, au fond d'une petite baie qui fait partie du golphe de *Salerne*, à une lieue, Eſt, de l'embouchure du fleuve *Selo*(*), & à vingt-deux lieues, Sud-Eſt, de Naples. Son nom, *Poſidonia*, tiré du grec, & qu'on peut rendre par le mot latin *Neptunia*, annonce qu'elle fut originairement conſacrée au Dieu des mers; étimologie qui d'ailleurs ſe trouve confirmée par pluſieurs médailles, & par des figures en relief que l'on voit ſur la clef de ceintre d'une porte ſituée au nord de la ville.

Poſidonia conſerva long-tems ſon premier nom; l'on ne ſait pas même dans quel tems au juſte, & pour quelle cauſe elle prit celui de *Pœſtum*: mais comme il paroit qu'elle portoit encore le premier, lorſqu'environ l'an 480 de la fondation de Rome, elle en devint l'une des colonies, il eſt à préſumer que ce fut peu après cette époque que *Poſidonia* changea de nom.

Suivant Solin, Poſidonia fut bâtie par les Doriens; ſuivant Strabon, les Sibarites en furent les fondateurs: l'on ignore dans quel ſiecle. En général, elle paroît être de l'antiquité la plus reculée. Diodore de Sicile parlant des travaux d'Hercule, dit que ce héros aborda à Poſidonia.

La population s'étant extrêmement multipliée parmi les Samnites, il s'en détacha une colonie nombreuſe, qui vint s'établir à l'Eſt du fleuve *Selo*, dans une contrée qu'habitoient alors les *Chones*, ou plutôt *Chaones* & les *Œnotrii*. Le nouveau peuple prit enſuite le nom de

(*) Ce fleuve portoit autrefois le nom de *Silarus*. La qualité pétrifiante de ſes eaux fut connue des anciens. Strabon (liv. VI) dit que ſi l'on y plongeoit une plante, elle ſe changeoit en pierre, ſans perdre néanmoins ſa forme & ſes couleurs. Pline (liv. II, c. 103) fait mention pareillement de la nature pétrifiante du *Silarus*, & ajoute que cependant l'eau n'en eſt pas mauvaiſe à boire.

A

Lucanien. Il n'eſt pas facile de ſuivre avec une exactitude bien pré-ciſe la chronologie de ces différens événemens: les apparences ſont néan-moins que les Samnites arriverent quelque tems avant la fondation de Rome : car depuis cette période aucun hiſtorien de marque n'a parlé des *Chaones* ni des *Œnotrii*, comme étant alors poſſeſſeurs du pays qu'habita depuis la nouvelle colonie; d'où il eſt à préſumer que du tems de ces écrivains, les *Chaones* n'exiſtoient déja plus. D'ailleurs, Pythagore qui compta des Lucaniens parmi ſes éleves, floriſſoit vers la cinquantieme olympiade : or, ſuivant Euſebe, ce philoſophe mourut à l'âge de quatre-vingt-dix ans, dans la ſoixante-dixieme olympiade; c'eſt-à-dire, environ vers la deux cent cinquante-ſeptieme année de la fondation de Rome. Quelques écrivains, à la vérité, font Pythagore contemporain de Numa; mais cette erreur ſe trouve réfutée par Tite-Live, qui place Pythagore ſous le regne de *Servius Tullius*; ajoutant qu'alors il enſeignoit la philoſophie en Italie. Ciceron dit que ce philoſophe y tenoit école ſous Tarquin le Superbe. Jamblicus, qui le rapproche encore davantage, ſavoir, de la ſoixantieme olympiade, rapporte les noms de ſix Lucaniens qui étoient alors ſes écoliers; ce qui s'accorde avec ce que nous en diſent dans ſa vie Maleus & Diogene de Laërce. Ainſi, puiſque les Lucaniens étoient déja renommés dès ces tems-là, non-ſeulement on ne ſauroit guere préſumer qu'ils ne fuſſent alors qu'une colonie récente; mais il y a lieu de penſer qu'en la cent ſoixante-dixieme année de Rome, il y avoit déja long-tems que cette nation avoit quitté ſon pays natal pour venir s'établir dans la grande Grèce.

Les Lucaniens n'eurent pas plutôt paſſé le *Silo*, qu'ils dirigèrent leurs premiers coups ſur *Poſidonia*, dont ils ſe rendirent maîtres après pluſieurs combats contre les habitans & contre leurs alliés. Quelques Poſidoniens reſtèrent cependant dans la ville, avec la permiſſion des vainqueurs, & même ils y inſtituèrent une cérémonie anniverſaire, qui conſiſtoit à gémir & à déplorer enſemble la perte de leur ancienne liberté.

Après la priſe de *Poſidonia*, les villes grecques en Italie formèrent une confédération générale pour s'oppoſer aux entrepriſes des Lu-caniens ; ce qui ſuſpendit réellement l'exécution de leurs projets am-bitieux : mais dans la quatre-vingt-ſeptiéme olympiade, c'eſt-à-dire, la trois cent ſoixante-deuxiéme année après la fondation de Rome, les uſurpateurs ſoutenus de Denys, Tyran de Syracuſe, leur allié, aſſiégèrent la ville de *Thurium* (*). Les Grecs, avec leurs forces réu-

(*) Thurium eſt la *Sibaris* des anciens.

nies, en conséquence de la ligue qu'ils avoient formée, marchèrent au secours de *Thurium* ; mais ayant été totalement mis en déroute par les Lucaniens, ils laissèrent dix mille hommes sur la place.

Encouragés par de tels succès, les Lucaniens s'emparèrent de plusieurs autres villes de la grande Grèce, & portèrent en peu de tems leur domination jusqu'à *Crimissa* en Calabre, & *Métapontum* dans la baie de Tarente.

Vers l'an de Rome 423 ou 424, la ville de *Posidonia* fut assiégée par Alexandre, Roi des Molosses ; mais il la trouva si bien fortifiée, que malgré les avantages de deux batailles gagnées sur les Lucaniens, il fut obligé de lever le siége. Cette ville ainsi délivrée resta aux Lucaniens jusqu'à la quatre cent quatre-vingtiéme année de Rome, que les Romains s'en emparèrent, pour se venger de ce que ses habitans avoient osé fournir contre eux des secours à Pyrrhus. Par cet événement *Pæstum* devint colonie Romaine : elle eut ensuite le titre de ville municipale, comme on le voit par l'inscription suivante à *Villa Altimari all' Aranella*, près de Naples.

: : : : : Caelio, Balbino Procon : : : : :
Pecvn : : : ann. leg mvnicipio poest : : :
Mvnvs. Bvstvar. et Far : : : (*) Pop : : :
Bis : : : am : : : : : : :
M. Balbinvs. mvner. iix. test : : : : :

Cette inscription fixe à peu près le tems où *Pæstum* devint une ville municipale ; ce qui paroît avoir été pendant que le gouvernement de Rome fut républicain : car le *Munus Bustuarium*, ou les combats des gladiateurs aux funérailles, qui eurent lieu pour la premiere fois à Rome pour Junius Brutus, ne se pratiquoient que rarement sous les premiers Césars : on en lit la preuve dans Tite-Live. Cet historien rapporte comme un fait digne de remarque, que l'on donna de ces sortes de combats aux funérailles de M. Æmilius Lepidus, qui étoit de la famille de Scipion, & à celles de M. Valerius Lævinus, & de P. Licinius.

Une autre inscription qui se trouve pareillement à *Villa Altimari*,

---

(*) Munus Farreum, c'est-à-dire, la distribution des gâteaux faits de farine d'orge, qui avoit lieu communément aux funérailles chez les Romains. Les Grecs rendoient cette cérémonie encore plus somptueuse, puisqu'ils donnoient le souper complet.

Epulum splendidum funebre mortuis facio. Vid. Antippum apud Anthæneum, lib. ix.

L'usage de distribuer des gâteaux dans ces tristes circonstances, se pratique encore aujourd'hui en quelques endroits de l'Angleterre.

paroit être non-feulement du tems de la République, mais même avoir
précédé la guerre fociale, puifqu'après cette derniere époque les habitans des villes d'Italie ayant obtenu le privilege de Citoyens Romains, l'on confondit & l'on employa dès-lors indiftinctement les
dénominations de colonie, de ville municipale & de préfecture. Voici
cette infcription.

P. CELSO. MVRINO. M. F. IIV. I. D. CVRAT.
(fic G)
ANNONÆ. CVRATORI. PVBLICOR. ÆDI ...
ORVM. DECENNIO. CONTINVO. PATR. MVNIC.
POEST. LARGISSIMO. EIVS MERITIS.
STATVAM. PVBLICE. PONI. PLACVIT.

Environ la cinq cent vingt-huitieme année de la fondation de Rome,
lors de l'expédition de D. Quintus contre les Carthaginois, les villes de
Pæftum, de *Regio* & de *Velia* fournirent enfemble un contingent de
vingt vaiffeaux ; & fix ans après, les habitans de *Pæftum* envoyèrent,
à titre de fecours volontaire, quelques coupes d'or à la République,
qui fe trouvoit épuifée par la guerre Punique. Ces préfens furent
auffi généreufement refufés qu'ils avoient été généreufement offerts.

Cependant, en 541, quatre ans après la bataille de Cannes, lorfque
la République fe vit forcée de tirer du tréfor public les produits du
vingtiéme que l'on impofoit annuellement fur les biens des particu-
liers, pour n'y recourir néanmoins que dans les befoins les plus
urgens, elle réclama l'affiftance de fes colonies, qui étoient au nombre
de trente. Vingt de ces colonies refuférent toute efpece de fecours ; mais
les dix autres, dont l'hiftorien Tite-Live rapporte les noms avec éloge,
& parmi lefquelles *Pæftum* fe trouve comprife, fournirent des hommes
& de l'argent à la République, & en reçurent du Sénat & du peuple
des témoignages authentiques de reconnoiffance. Auffi les Pofidoniens
paroiffent-ils avoir été en grande faveur chez les Romains. Tite-Live rapporte que quelques jeunes gens de Rome ayant eu la témérité de frapper
des députés qu'ils avoient envoyés au Sénat, la République livra ces
imprudens à la jufte vengeance des habitans de *Pofidonia*.

On ne voit pas cependant qu'aucun hiftorien de marque, pendant le
gouvernement des Céfars, ait parlé de cette ville dans fes écrits.

Sous le pontificat de Leon IV, mort en 855, ou même encore
plutôt, quelques Sarrazins, qui avoient paffé de Sicile dans la Calabre & en Lucanie, s'établirent en différentes parties de ces deux
provinces,

provinces, mais particulierement à *Acropolis*, d'où ils faisoient souvent des excursions, & venoient ravager les contrées voisines. En 866, Docibilis, Duc de Gaïete, harcelé sans cesse par Pandenolfe, Seigneur de Capoue, aux hostilités duquel il n'étoit pas en état de résister seul, eut recours aux forces des Sarrazins d'Acropolis. Le remede devint pire que le mal. A leur descente, ces barbares, qui s'étoient embarqués en grand nombre à Saint Athanase près de Fundi, campèrent sur les hauteurs de Formia ; & se dispersant ensuite le long des rives du Gariglian, ils exercèrent pendant cinquante années les plus odieuses vexations. Les choses furent poussées si loin, que pour se défaire d'un aussi pernicieux voisinage, Antenolphe, Comte de Capoue, implora l'assistance de Constantin VIII, Empereur d'Orient. En effet, peu de tems après arriva en Italie un corps considérable de Grecs, sous le commandement de Nicolas Patricius. Aux troupes de l'Empereur se joignirent celles du Pape Jean X, de Guaimard, Prince de Salerne, de Grégoire, Duc de Naples, & de Jean, Duc de Gaïete, & toutes ensemble marchant aux Sarrazins, ceux-ci furent entiérement défaits & passésaufil de l'épée.

Epouvantés par cette terrible & mémorable journée, les Sarrazins qui étoient en possession d'Acropolis, prirent sur le champ la résolution de l'abandonner, & même de quitter absolument la Sicile, & de se retirer en Afrique : mais avant de la mettre à exécution, ils projettèrent de piller la ville de *Pæstum* dont ils étoient voisins. L'an 930 de l'ère chrétienne, vers le milieu d'une nuit, ils se rendirent maîtres de la ville par surprise, la saccagèrent & y mirent le feu.

Il restoit cependant encore des traces de l'ancienne magnificence de *Pæstum*, lorsqu'en 1080 Robert Guiscard acheva de détruire ce que la flamme & les Barbares même avoient épargné. Animé d'un zele pieux sans doute, mais outré, il démolit les anciens édifices, dépouilla les temples de leurs ornemens, & enleva quantité de superbes colonnes de verd-antique, pour en décorer une Eglise qu'il faisoit bâtir, sur le lieu même où l'on prétend qu'avoient été trouvés les ossemens de saint Mathieu.

Jamblicus (de vitâ Pythag.) rapporte qu'*Athamas, Simus, Proxenus, Cranias, Myctes, Bathilaus & Phædo,* tous disciples de Pythagore, étoient de *Posidonia* ; & qu'il fut aussi le maître de ce généreux Thestor, qui entreprit un voyage dans l'isle de Paros, uniquement à dessein de secourir Thymaride dans ses infortunes, & de le rétablir, à ses propres frais, dans l'état de splendeur & d'opulence d'où quelques circonſtances malheureuſes l'avoient fait décheoir.

Parmi les hommes célebres nés à *Poſidonia*, on compte encore Parmenides, celui qui remporta le prix dans la ſoixante-dix-huitieme olympiade, & qu'il ne faut pas confondre avec le fameux philo-ſophe du même nom, dont *Velia* fut la patrie.

Suivant *Donatus*, ou Suétone, le ſénateur *C. Terentius Lucanus*, qui affranchit le poëte comique Terence, & qui fut le frere de *Te-rentia*, épouſe de Ciceron, naquit auſſi à *Poſidonia*. Ce fut ce ſéna-teur, dit Pline, (hiſt. nat. liv. 3 5 , c. 7.) qui le premier expoſa en public des tableaux repréſentans les combats des gladiateurs.

Enfin, pour ne rien omettre de ce qui a pu contribuer à rendre fameuſe la ville de *Pæſtum*, nous dirons que les roſes de ſes jardins fleuriſſoient régulierement deux fois par an, & qu'elles furent célé-brées à l'envi par les plus grands poëtes (*) de l'antiquité.

(*) De ce nombre ſont : Virgile, géorg. liv. IV, v. 118.
Ovide, métamorph. liv. XV, v. 708.
Idem, *de Ponto*, liv. II, élég. 4, v. 27.
Martial, épigram. liv. IV, v. 42.
Idem, liv. IX, v. 26.
Idem, liv. IX, v. 60.
Properce, élég. liv. IV, v. 59.
Claudian, *de nuptiis Honorii*, v. 244.
Auſone, idyl 4.

Il en a ſans doute coûté beaucoup de recherches à notre auteur, pour raſſembler un petit nombre de faits diſperſés dans un grand nombre de volumes. Il ne s'eſt pas contenté de nom-mer ſes garans, il a pouſſé l'attention, ou le ſcrupule, juſqu'à tranſcrire leurs propres termes, dans des notes chargées de citations greques & latines. Nous nous ſommes épargné l'en-nui de les copier, & au Public celui de les lire. L'Architecte qui a conſtruit un édifice pour l'utilité ou pour le plaiſir des citoyens, les fatigueroit à coup ſûr, s'il faiſoit paſſer en revue ſous leurs yeux tous les matériaux qu'il y a fait entrer. La peine que ſe donne un écri-vain, de rapporter les propres expreſſions de ceux qu'il a conſultés, eſt peut-être néceſſaire lorſqu'il a puiſé dans des ſources peu connues, ou lorſqu'il s'agit de quelque trait aſſez ſingu-lier pour qu'on ſoit bien aiſe d'entendre parler le témoin lui-même. Mais en général, l'étalage d'érudition eſt un luxe qui depuis long-tems a paſſé de mode, ou plutôt que le bon goût a proſcrit. Nous avons donc cru qu'il ſuffiſoit d'indiquer les neuf paſſages des poëtes latins, que notre auteur a inſérés dans ſon texte, en avertiſſant que M. Thomas Major, qui s'eſt piqué d'honneur, en a cité trois de plus. Si quelques Lecteurs penſent autrement que nous, il leur ſera facile de ſatisfaire leur curioſité.

Les livres où les roſes des jardins de *Pæſtum* ſont vantées, ſe trouvent dans tous les cabinets; mais ce qui ſemble digne de remarque, c'eſt que les anciens ſaiſiſſant avec ardeur tout ce qui pou-voit dans la nature leur fournir des images agréables, n'ont pas négligé de faire valoir à cet égard les plus petits avantages dont jouiſſoient les heureuſes contrées qu'ils habitoient. Nous ſavons, par douze témoignages célebres de l'antiquité, que les roſes fleuriſſoient deux fois par an dans les jardins de *Pæſtum* ; & preſque toute la France ignore que les habitans d'un village à deux lieues de Paris, cultivent, non dans des jardins, mais en pleine campagne, une immenſe quantité de roſiers à cent feuilles. Aucun de nos poëtes, ſi je ne me trompe, n'a chanté juſqu'ici *Fonte-nay-aux-Roſes* : cependant ſes côteaux, embellis de ces riches préſens de Flore, leurs parfums délicieux, & leurs couleurs brillantes, ſont des tableaux pour la poéſie.

INSCRIPTIONS

TROUVÉES A PŒSTUM.

I.

Dans le milieu d'une églife, on lit fur un fragment de marbre qui femble avoir fait partie d'une frife, ces mots gravés en fort grands caractères.

: : : : TAE. CONST.

II.

Autre fragment de marbre devant la porte.

GN. CORN : : : :

: : : : M : : : :

III.

P. CLAVDIVS. C. F.

C. SEXTILIVS. L. F.

DVO. VIREI

DESTV.

IV.

C. PETRONIVS. OPTATVS

MAG. MEN. BOMB.

STATVAM. BASIM. PLVTEV

SACR.

Ces deux infcriptions furent trouvées en creufant auprès de l'églife. La fuivante, qui a été copiée incorrectement par Muratori, (p. 239, nº. 1.) eft gravée fur un marbre blanc, faifant actuellement partie d'une cheminée dans une petite maifon fituée proche de la même églife.

V.

DIV. ILLI. OB. PLVRIMA. ET A : : : :

ICIA. EIVS. ERGA. PATRIAM : : : :

DD. PP.

POPVLO POSTVLANTE.

V I.

Celle-ci eft gravée fur un très-grand fragment de pierre : elle fut trouvée dans un champ près de *Pæftum*.

D. M.
C. AVGVRINO. PRIVEENATI. CLASS ::::
D. PINARIVS. AVERRIO. CONT ::::
IN. FR. P. XI ::::

V I I.

C. PEDVLIO. VERRVCANO
FRVMENTO. P. P. COACTO
ANNONA. ITERVM. REPARATA
ORDO. ET. POP. POEST.

V I I I.

ATTICVS. VECTINV ::::
HORTOS. ET. PROXIMAS. CASAS ::::
:::: ETE. INHABITARET. AQ ::::
DEDVC :::: :

Les deux précédentes infcriptions font engagées dans un mur qui fert de clôture à un champ entre *Pæftum* & le fleuve *Silo* : la fuivante fait preuve de la confidération dont jouiffoient parmi les anciens ceux qui donnoient beaucoup de citoyens à l'Etat. Le *Tullius*, dont il eft parlé, avoit vingt-huit enfans & quatre-vingt petits-enfans ; c'eft à *Villa Altimari all' Aranella*, près de Naples, que l'on voit le marbre qui porte cette curieufe infcription.

I X.

M
TVLLI. OLERII. POESTANI
QVI. VIX. A. LXXXXV. D. XI.,
FF. XXXIII. NN. LXXIII.
C. L. PP.

X.

X.

Pirrho Ligorio a donné la figure de la *Fortuna Barbata* de Pœstum, avec les deux inscriptions suivantes.

FORTVNAE BARBATAE SACR.

L. AVRELIVS. MARCIANVS. AVG. LI.
BERTVS EXCEPTOR. S. S. L. M.

X I.

Nous trouvons aussi dans Muratori (p. 11, n°. 6; & p. 86, n°. 7.) les inscriptions que voici.

NYMPHIS. NYMP. SERM.
SACRVM.
L. ANTIVS. L. FIL. PA.
LATINA. ARCHI
TECTVS. D. D.

X I I.

LVCIO CANINIO. L. F. II. V. AVG.
:::: DEDICATIONE. AED ::: NEPTVN::::
EPVL .... TRID .... POP. DED.
COL. POEST.
L. D. D. D.

CONJECTURES SUR L'INSCRIPTION

D'UN SARCOPHAGE TROUVÉ AUX ENVIRONS DE PÆSTUM.

LE bloc qui porte l'inscription (*) dont il s'agit, est assez grossie-
rement taillé ; il a environ huit pieds de longueur sur deux & demi
de largeur ; & l'on n'y apperçoit d'autres vestiges de gravure ou de
sculpture, que l'inscription même.

Les opinions des savans sont fort partagées sur ce monument. Le
Patriarche d'Antioche, Assemani, l'un des bibliothécaires du Vati-
can, & qui a été plusieurs fois en Egypte, juge cette inscription
Egyptienne, & les caracteres hiéroglyphiques ; mais malheureusement
il ne se présente point de caracteres semblables à ceux-ci, ni sur les obé-
lisques à Rome, ni sur aucunes monnoies, ni sur la *Tabula Isiaca* à Turin.

Le fameux antiquaire Gori pense au contraire que les signes de
cette inscription ont beaucoup de rapport avec ceux qu'employèrent
les Gnostiques ou les Basilidiens, & dont on trouve des exemples
dans l'*Arithmologia* du P. Kirker ; ou bien avec cette sorte de caractères ou chiffres inventés par Tyron, affranchi de Ciceron, & par Se-
neque, & que Gruter a rapportés à la fin de son *Corpus Inscriptionum.*

D'autres savans présument que ce sont des caracteres Cophtes ;
(avec lesquels il faut avouer qu'ils ont de la ressemblance) & que
cette pierre servit de tombeau à un Sarrazin : d'autres enfin les croient
Runiques, & veulent qu'elle ait été le cercueil d'un Goth.

A ces conjectures on en peut ajouter une nouvelle, & donner à
ces caracteres une origine ou Phénicienne, ou Pélasgienne. Les Pélasgiens furent en effet les habitans de la Lucanie ; & suivant Pline (**),
ils furent les introducteurs des lettres en Italie : ils les tenoient de
Cadmus, qui lui-même les avoit reçues des Phéniciens, leurs véritables
inventeurs. Les Pélasgiens conservèrent leurs caracteres ou signes pri-
mitifs jusqu'à leur réunion aux Grecs, après la guerre de Troye ; &
si, comme l'assure Herodote (***), les Pélasgiens descendoient des
Doriens, la ville de *Posidonia* leur dut probablement son origine.

_____

(*) Le graveur a orné de quatre types de médailles ou monnoies de *Pæstum* les angles de
cette inscription. Voyez l'Avant-Propos du Traducteur.

(**) Hist. nat. liv. VII, ch. 56.

(***) Liv. I.

DESCRIPTION

DE PÆSTUM.

LA ville de *Pæstum* eſt de forme oblongue, & a environ deux milles & demi de circuit : elle eſt percée de quatre portes placées à l'oppoſite l'une de l'autre. Sur la clef du ceintre d'une de ces portes ſituées au Nord, & du côté de la campagne, ſe voit en bas-relief la figure de Neptune : ſur cette même clef, du côté intérieur de la ville, eſt auſſi en relief la figure d'un *hyppocampus* ou cheval marin.

A en juger par ce qui en ſubſiſte encore, les murs de l'enceinte étoient conſtruits de fort groſſes pierres cubiques, dont les paremens dreſſés avec le plus grand ſoin, ſuivant la méthode ordinaire des anciens, ſe joignoient parfaitement : cette premiere cauſe de leur longue réſiſtance aux injures du tems, paroît avoir été puiſſamment ſecondée par des concrétions ou des ſtalactites, qui en ſe formant ſur les pierres, les ont, pour ainſi dire, encaſtrées & comme revêtues d'un nouvel enduit.

Ces murs en général aſſez épais par-tout, avoient juſqu'à dix-huit pieds d'épaiſſeur en quelques endroits. Ils étoient fortifiés de diſtance en diſtance par des tours de différentes proportions ; celles, par exemple, qui avoiſinent les portes de la ville, ſont beaucoup plus hautes & d'un plus grand diamètre que les autres : on les reconnoît évidemment les unes & les autres pour être de conſtruction moderne.

La ſituation de *Pæstum* ne pouvoit manquer d'en rendre l'habitation fort mal-ſaine ; le marais connu ſous le nom de *Palus Lucaniæ*, eſt proche de la ville ; & tandis qu'en pluſieurs endroits il ſort au pied de ſes remparts diverſes petites ſources bitumineuſes, dont la réunion forme un ruiſſeau, un autre courant plus conſidérable, d'eau ſulphureuſe & d'un goût déſagréable, baigne ſes murs à l'Orient. Auſſi les anciens ont-ils remarqué que le ſéjour de cette ville n'étoit pas ſalubre. Strabon en accuſe les eaux ſtagnantes du voiſinage ; & actuellement encore il ne croît autre choſe, du côté de *Libecio*, que du jonc, des roſeaux & d'autres plantes aquatiques.

La mauvaiſe qualité des eaux de *Pæstum* & des environs mit ſes habitans dans la néceſſité d'en tirer d'ailleurs à grands frais, comme le prouvent les reſtes de pluſieurs aqueducs, & particulierement de celui que l'on rencontre ſur le chemin de *Capaccio nuovo à Trin-*

ʒenara. Près de *Cafa Spinaʒʒo*, à peu de diftance de *Pæftum*, font les débris de quelques autres aqueducs; mais la plus confidérable portion du plus grand de tous, fe rencontre après avoir paffé la porte du Nord de la ville.

Les carrières du voifinage fournirent les pierres qu'on employa, tant à bâtir les aqueducs, qu'à la conftruction des remparts. Quant aux colonnes des temples, la pierre en eft d'une nature totalement différente : on l'a tira des montagnes, au-deffus de *Capacccio Vecchio.*

Les principales antiquités de *Pæftum* confiftent en trois théatres & trois temples.

Le théatre, ainfi que l'amphithéatre, font prefque entièrement détruits. Celui-ci avoit dix rangs de fiéges pour les fpectateurs; fon plus long diametre portoit environ cent trente pieds, & le moindre, quatre-vingt-dix ou à peu près.

Des trois temples, le premier eft *hexaftyle*, ou à fix colonnes de face; & en même tems *amphiproftyle*, c'eft-à-dire à deux portiques; un à chaque face : quatorze colonnes en décorent les flancs. On découvre dans l'intérieur les veftiges du mur qui formoit la partie appellée *cella*, ou nef, à l'extrêmité de laquelle fe diftinguent encore les pilaftres, & deux colonnes qui la féparoient du *pronaos.* Au-dedans de la *cella* font deux rangées de colonnes plus petites que les extérieures, & couronnées d'un architrave que furmonte un fecond ordre. Ce temple femble être de l'efpèce que Vitruve nomme *hypætre ;* ce qui fignifie découvert & expofé aux injures du ciel.

Le fecond temple, *amphiproftyle* comme le précédent, a neuf colonnes de face, dix-huit fur les aîles, & paroit être *pfeudodyptère*, nom que Vitruve donne aux temples qui n'ont pas deux rangs de colonnes comme les *dyptères.*

On apperçoit au-dedans les traces du mur & des pilaftres de la *cella*, dans le milieu de laquelle regnoit d'un bout à l'autre une file de colonnes dont il n'en fubfifte que trois feulement. Il paroît que la difpofition peu ufitée de ces colonnes fut imaginée pour fupporter le faîtage du bâtiment : car, fuivant Vitruve, le poinçon, en latin *columen*, d'où enfuite a été dérivé le mot *columna*, (une colonne) avoit tiré lui-même fa dénomination de *culmen* (*), faîtage du bâtiment. La

___

(*) « Le *columen* ou poinçon (dit Perrault, Architecture de Vitruve, pag. 110, note 5.) eft une
» pièce de bois qui fe pofe à-plomb, & qui foutient le *culmen*, ainfi appellé à caufe qu'il a
» deffus foi le *culmus*, qui vient de *calamus*, c'eft-à-dire, le chaume fait du tuyau qui porte
» l'épi de blé; les premiers toits ayant été couverts de chaume.

premiere deſtination des colonnes fut donc vraiſemblablement de ſou-
lager la portée du faîtage , qui eſt une longue piéce de bois poſée
à niveau au haut du toit ; & elles furent placées à ce deſſein dans
le milieu des édifices : on en trouve des exemples dans les plus anciens des temples qui nous reſtent.

Il y a , ſuivant le voyageur Norden , au milieu d'un temple à
Kommonbu dans la haute Egypte , un rang de colonnes qui le par-
court d'un bout à l'autre ſur toute ſa longueur. Le même voyageur
décrit un autre temple nommé le *Temple du Serpent Cnuphys* , dont l'en-
tablement de la porte eſt ſoutenu dans ſon milieu par une ſeule colonne.

On voit auſſi à Egine , dit M. le Roy (*) , un temple , au ſecond
portique duquel ſont cinq colonnes , dont une , qui ſe trouve au milieu de la baie , ſervoit ſans doute au même uſage que celle qui parta-
geoit l'entrée du temple *du Serpent Cnuphys;* car comme le faîtage eſt
la partie du bâtiment la plus éloignée des murs , & que le milieu du
linteau d'une porte en eſt la partie qui fatigue davantage , ſur-tout
lorſque les pieds droits ſont fort diſtans l'un de l'autre , le moyen le

---

(*) Voici comment s'explique M. le Roy , dans une note, pag. x, du *Diſcours ſur l'Hiſtoire de*
l'Architecture Civile, qu'il a miſe à la tête de ſon ouvrage , intitulé : *les Ruines des plus beaux monu-*
mens de la Grèce.

L'auteur , après avoir développé ſon ſentiment ſur l'uſage primitif des colonnes , ou plutôt des
troncs d'arbres qu'il juge avoir été employés primitivement a ſoutenir les ſolives tranſverſales des
plafonds par le milieu , &c. ajoute : « J'ai formé cette conjecture ſur la maniere dont les colonnes
» ont été placées d'abord dans les temples Grecs, d'après la conſtruction de deux temples de la plus
» haute antiquité : l'un que l'on voit en Italie à *Pæſtum* , ville ancienne de la grande Grèce , ſituée
» à vingt-deux lieues de Naples , a une file de colonnes rangées dans le milieu de l'intérieur ,
» juſtement comme nous ſuppoſons qu'ont été d'abord placées les premieres colonnes dans les
» édifices ; l'autre à Egine , a cinq colonnes au ſecond portique de ſes façades , & par conſéquent
» auſſi une colonne dans le milieu. Enfin ce qui paroît autoriſer mon ſentiment , c'eſt l'origine
» du mot latin *columen,* qui ſignifie *colonne.* Il a pris ſon nom, dit Vitruve , d'une piéce de bois
» appellée *culmen,* qu'il ſoutenoit , & qui étoit placée ſous le faîte du comble. Le Public ſera bien-
» tôt en état de juger du cas qu'il doit faire de la conjecture que j'ai formée en partie d'après
» un des temples de *Pæſtum.* M. le Comte de Gazola , Commandant de l'Artillerie du Roi des
» deux Siciles , doit bientôt les donner au Public. M. Souflot , Architecte du Roi & Contrôleur
» de Paris , en a fait voir ici pluſieurs plans très-curieux , qu'il a deſſinés ſur les lieux avec beau-
» coup de ſoin »

M. le Roy revient encore ſur cette matiere , pag. 11 des *Obſervations ſur les édifices des anciens*
peuples, imprimées en 1767. Il dit , en faiſant comparaiſon de la diſpoſition générale du tabernacle
à celle du temple de Bubaſtis & aux temples Grecs, que « la maſſe générale de l'élévation du
» temple étoit ſemblable , à-peu-près , à celle des temples *proſtyles.* Elle nous préſente , ajoute-t-il,
» une aſſez grande ſingularité , dont on pourroit faire uſage pour prouver l'antiquité de cet édi-
» fice , ſi on avoit beſoin de cette ſorte de preuve : car ſa façade avoit cinq colonnes dans ſa
» largeur , & par conſéquent une dans le milieu ; & c'eſt une choſe qui nous paroît bien mé-
» riter d'être obſervée , qu'on ne trouve cette irrégularité que dans trois temples , qui tous pa-
» roiſſent être de la plus haute antiquité ; l'un en Egypte , l'autre dans la Grèce , & l'autre dans
» la grande Grèce , à *Pæſtum.*

D

plus fimple de prévenir la chûte de l'un & la fraƈure de l'autre, étoit de placer une ou plufieurs colonnes dans le milieu de l'efpace.

Le troifième temple, auffi *amphiproftyle* comme les précedens, eft le plus petit des *trois* : il y a fix colonnes de front, treize fur les côtés, & paroit devoir être rangé dans l'ordre des temples *péryptéres*, ou qui ont des colonnes tout à l'entour. On découvre encore dans celui-ci quelques veftiges de la *cella*, ainfi que les colonnes du *pronaos*, c'eft-à-dire du porche.

Suivant les proportions anciennes, les temples devoient avoir en longueur au moins le double de leur largeur : tels font les temples de Minerve à Athènes, où il y a huit colonnes de face, & dix-fept aux aîles; & le temple de Théfée, qui a fix colonnes de face & treize à fes flancs (*). Mais les Romains ne donnèrent pas autant de longueur à leurs temples que les Grecs. Vitruve dit pofitivement que les temples qu'il nomme *pfeudodyptéres*, doivent avoir huit colonnes de front & quinze fur les côtés, y compris les colonnes qui terminent les quatre coins; & que la régle des *péryptéres* exige fix colonnes de front & onze aux aîles, auffi en y comprenant les colonnes des angles.

Celles des trois temples de *Pæftum* font d'ordre Dorique, le premier des ordres qui ait été employé; & elles ont à peine cinq de leur diametre en hauteur. Elles ne portent fur aucune bafe, ce qu'on a regardé comme la preuve caraƈériftique de leur très-haute antiquité; mais ce qui, pour dire le vrai, n'en eft pas une, les anciens n'ayant jamais donné de bafe aux colonnes Doriques, fi ce n'eft peut-être dans tous les derniers tems. Vitruve ne fait aucune mention de bafes attribuées à cet ordre; & le feul exemple que l'antiquité nous fourniffe de leur emploi, fe voit à Rome dans le premier ordre du Colifée, qui fut bâti par l'Empereur Vefpafien : les colonnes y font cannelées peu profondément & dans les proportions décrites par Vitruve (**).

Les colonnes du temple de *Pæftum* diminuent de diametre dès leur naiffance; méthode que les anciens fuivirent affez généralement dans les différens ordres d'Architeƈure qu'ils employèrent. Elles font terminées par un aftragale; ce qui détruit la prétention de quelques Architeƈes qui ont cru que l'aftragale qui termine le fommet des

(*) Voy. les Ruines de la Grèce, part. I. pag. 8, 9, & 21.

(**) Liv. iv, chap. 3.

colonnes Doriques, fut inventé par les Grecs pour l'ordre Ionique, d'où les Romains l'empruntèrent pour l'appliquer au Dorique. Le profil de cet astragale a quelque chose de singulier pour la forme : quant à l'échine ou tore du chapiteau, il ressemble entierement aux astragales des colonnes du temple de Corinthe, décrit par M. le Roy; l'architrave & la frise ne tombent pas perpendiculairement sur le nud de la partie supérieure des colonnes, comme Vitruve le prescrit, mais font saillie au-delà; ce qui fut constamment pratiqué par les Grecs, & ce qui continua de l'être de la sorte jusqu'au regne d'Auguste : tems auxquels les Grecs & les Romains ensuite retranchèrent non-seulement la saillie de leurs architraves, mais même les repoussèrent encore au-delà de l'à-plomb du fût des colonnes. La face ou partie antérieure des triglyphes affleure à l'architrave; & de même qu'à tous les temples Doriques Grecs, les angles des frises font aussi terminés par un de ces triglyphes, & non par une portion du métope, comme l'ont fait les Romains, soit afin de rendre leurs entre-colonnes égaux par-tout, soit afin que le milieu des triglyphes, au-dessus des colonnes qui font aux quatre angles de l'édifice, fût perpendiculaire à l'axe de ces mêmes colonnes.

A l'égard des mutules, leur inclinaison est la même que celle du fronton; ce que les Grecs ont toujours pratiqué de la sorte; ce que Vitruve (*) recommande, & ce qui a été suivi de Palladio, de Vignole & de plusieurs Architectes modernes; mais l'on ne voit point du tout de mutule sous la corniche du fronton : aussi Vitruve observe-t-il que les Grecs n'en placèrent jamais dans cet endroit, non plus que de denticules, parce que ces membres d'Architecture étant censés représenter certaines parties du toit, telles que les extrémités des chevrons & le bout des forces, ou d'autres pieces de charpente qui n'aboutissent point au fronton d'un édifice, on ne doit point les y figurer en pierre.

La construction des temples de *Pæstum* paroît avoir suivi de près le tems où les Grecs commencèrent à perfectionner l'Architecture, & à lui donner cette légéreté & cette finesse de proportions, que n'eurent point les lourdes masses Egyptiennes, qui pourtant servirent de modéle : car c'est sans fondement que quelques écrivains modernes ont accordé aux Grecs l'honneur de l'invention de l'Architecture.

Cet art, ainsi que plusieurs autres, est dû aux Egyptiens; & quoi-

(*) Liv. IV, chap. 2.

qu'on ait avancé, comme preuve du contraire, que la forme du temple
des Grecs eſt exactement ſemblable à celles qu'eurent d'abord leurs
cabanes, il ne s'enſuit de-là autre choſe, ſinon que cette diſtribution
particulière convenoit apparemment à la nature de leur culte, ſans qu'il
y ait aucune conſéquence à en tirer, reſpectivement à l'Architecture
en général ; peut-être même ne ſeroit-il pas impoſſible de démontrer que
l'hiſtoire rapportée par Vitruve, du Sculpteur Callimachus, réputé
auteur du chapiteau Corinthien, n'eſt en ſoi qu'une pure fable, & que
cet ordre, le plus élégant que nous ayions, tire néanmoins ſon origine de l'Architecture Egyptienne : il ſuffiroit d'arranger par ordre
& par progreſſion de richeſſes dans les ornemens, la ſuite des chapiteaux Egyptiens recueillis par Pocock & par Norden ; on y verroit ces chapiteaux prendre d'abord la forme de pannier, (qui en fait
le principal caractere) mais abſolument nud ; puis ſe revêtir ſuccef-
ſivement & par degrés, de feuilles d'achante & de branches d'olivier,
& arriver enfin à ſon véritable point de perfection. Mais revenons
au plus ancien de tous les ordres.

Les colonnes Doriques tiennent, à beaucoup d'égards, des tiges d'arbres dont ſe ſervirent les premiers hommes pour ſoutenir le poids du
toit de leurs cabanes. Comme les habitations furent d'abord très-baſſes,
les piliers employés à leur conſtruction, n'eurent auſſi que peu de
hauteur, reſpectivement ſur-tout aux diametres des gros arbres qu'on
mit en œuvre, & qui, malgré l'inélégance de leurs proportions,
fournirent néanmoins le modele des colonnes qu'on exécuta par la
ſuite, lorſqu'on ſubſtitua la pierre au bois : c'eſt pour cette rai-
ſon ſans doute, que les colonnes de preſque tous les temples qui
nous reſtent dans la haute Egypte, n'ont pas plus de trois ou quatre
de leurs diametres en hauteur, & qu'à peine ſont-elles un peu plus
menues à la partie ſupérieure qu'à leur baſe ; ces mêmes colonnes
Egyptiennes (qui ont, pour la plûpart, une étroite connexité avec
l'ordre Dorique) portent trois ou quatre anneaux ſous l'échine de
leur chapiteau ; ces ſortes de moulures ſe rencontrent trop conſtam-
ment à toutes les colonnes de la plus haute antiquité, pour qu'on
ne ſoit pas fondé à les regarder comme l'imitation de certains cercles
de métal dont fut armée probablement l'extrêmité ſupérieure des premiers piliers de bois, ſoit pour les empêcher de ſe fendre, lorſqu'on
les faiſoit d'une ſeule piéce, ſoit peut-être afin d'accoller & réunir
pluſieurs piéces enſemble, pour en compoſer une ſeule colonne &
plus groſſe & plus ſolide.

Quoi qu'il en foit, fi la briéveté des colonnes devoit fuffire feule pour prononcer fur le degré d'antiquité des temples jufqu'ici connus, le temple de Corinthe, décrit par M. le Roy (*), feroit réputé fans aucun doute le plus ancien de toute la Grèce; fes colonnes (dont la groffeur eft de fix pieds) n'ayant pas quatre diamètres de hauteur: mais quelques circonftances particulieres ont porté cet habile Architecte à donner le pas de l'ancienneté à un édifice (**) qu'il découvrit à *Thoricion* dans l'Attique, à dix lieues d'Athènes. L'*Hipotrachelion* ou gorgerin des colonnes de ce temple eft cannelé, le refte liffe: il y a trois cavets ou anneaux fous l'échine, qui n'eft point arrondie, mais taillée en bifeau, & l'abaque n'a de faillie que celle du fût de la colonne par le pied.

Le temple d'Apollon à Delos eft regardé par le même hiftorien comme le troifième en ordre d'ancienneté; auffi les colonnes en font-elles plus élégantes, à tous égards, qu'au temple de Corinthe; & pour me fervir des termes mêmes de M. le Roy, « elles ont en bas » des cannelures qui ne font pas aux autres colonnes, & elles dimi» nuent moins par le haut; leur chapiteau eft auffi d'une forme plus » recherchée, fon tailloir ayant plus de faillie, & fon échine, quoi» que plate par fon profil, n'étant cependant pas un fimple bifeau. » Au - deffous de cette derniere partie, le chapiteau a (comme aux » colonnes de Thoricion) trois petits cavets féparés l'un de l'autre » par de très-petits filets, & fon gorgerin eft orné de même de can» nelures plates. Cette particularité eft d'autant plus remarquable, que » les cannelures font répétées au bas de la colonne, & que tout le » corps de la colonne eft liffe ».

Suppofé que la conftruction des temples de *Pæftum* ne remonte pas tout-à-fait auffi haut que les conftructions des trois temples dont on vient de parler, les uns & les autres paroiffent ne pas s'éloigner du même tems; & l'on peut du moins affurer que l'on ne connoit point de temples dans la grande Grèce, qui foient d'auffi haute antiquité que ceux de *Pæftum*. Il eft aifé de fentir, d'après l'idée générale que nous avons donnée de l'ordre Dorique, confidéré dans fon état primitif, combien fon état actuel en differe effentiellement. Mais fans hafarder de décider quelle eft celle des deux manieres qui mérite la préférence, nous nous contenterons d'obferver que, fi « la colonne

(*) Voy. Ruines de la Grèce, premiere partie, pag. 4, & feconde partie, pag. 5.

(**) Voy. auffi part. 1, pag. 2.

E

» Dorique fut premiérement mife dans les édifices , ayant la propor-
» tion , la force & la beauté du corps de l'homme » (*) elle femble
s'être infenfiblement éloignée de fon caractère primordial , & avoir
perdu des graces de fa noble fimplicité , à mefure qu'on lui a donné
plus de fur-exhauffement , ou que , fans égard ni à fa véritable deftination , ni peut-être au bon goût , on l'a chargée davantage d'ornemens empruntés d'ordres plus fveltes , plus élégans & plus délicats.

(*) Voy. Architecture de Vitruve , par Perrault , liv. IV , chap. 1 , pag. 105.

F I N.

AVIS AU RELIEUR.

Sur l'ordre dans lequel les Planches doivent être placées (*).

(*) Les Planches qui font partie de cet ouvrage n'ayant pas été originairement gravées dans ce deffein, la lettre ne fe trouve pas toujours placée ainfi que le format du volume l'exigeroit.

TABLE.

Vue Générale des Ruines de la Ville de Pestum, à 50 Mils de Naples telles qu'Elles étoient en 1750.

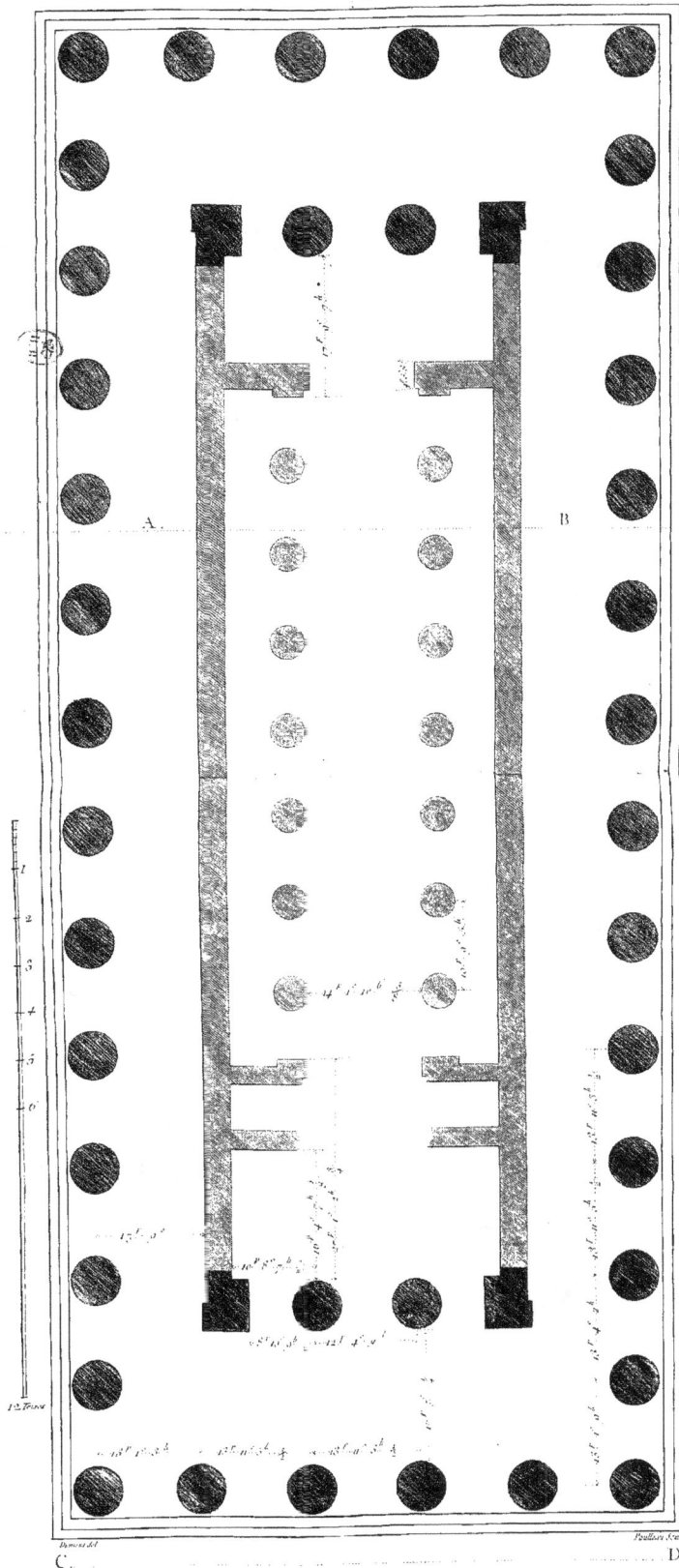

A

B

C

D

Dumont del.

Poullin Sculp.

1.Toises

On peut voir ce que dit Vitruve
au IV.e Livre, Chapitre III de l'Ordre
Dorique sur les Trigliphes qui se mettoient à l'extrémité des Encoignures.

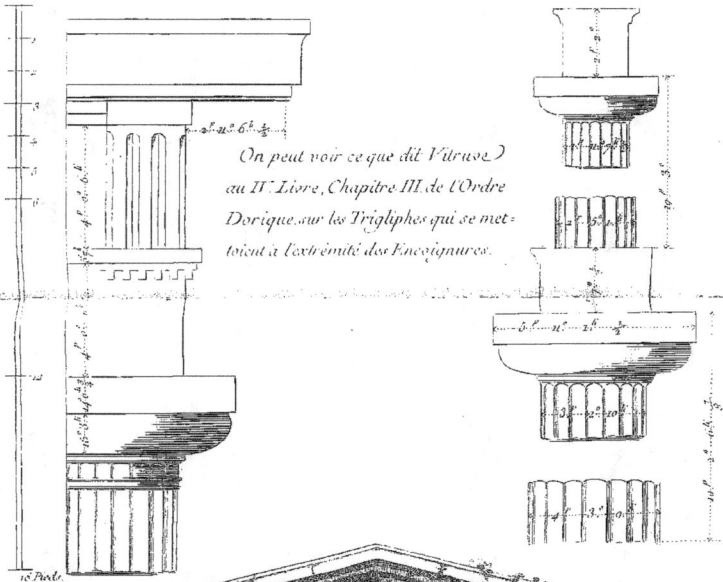

Elévation prise sur la Ligne C.D.   Les Colonnes ont 6.p.d 3.° 2.h 3/6.

Vue Perspective d'un Temple Hexastyle des ruines de Pæstum.

Reste d'un Temple ou Basilique Antique,
trouvé dans la Ville de Pœstum

Voyez

Les Antiquités de Sicile par le P. Pancrace
Théatin. 2. Vol. infol.

N.º 9. *Vestiges de l'intérieur d'un Temple ou Basilique de l'ancienne ville de Pesto, tels qu'ils existoient en 1750, et mis au jour en 1764 par le S.t Dumont.*

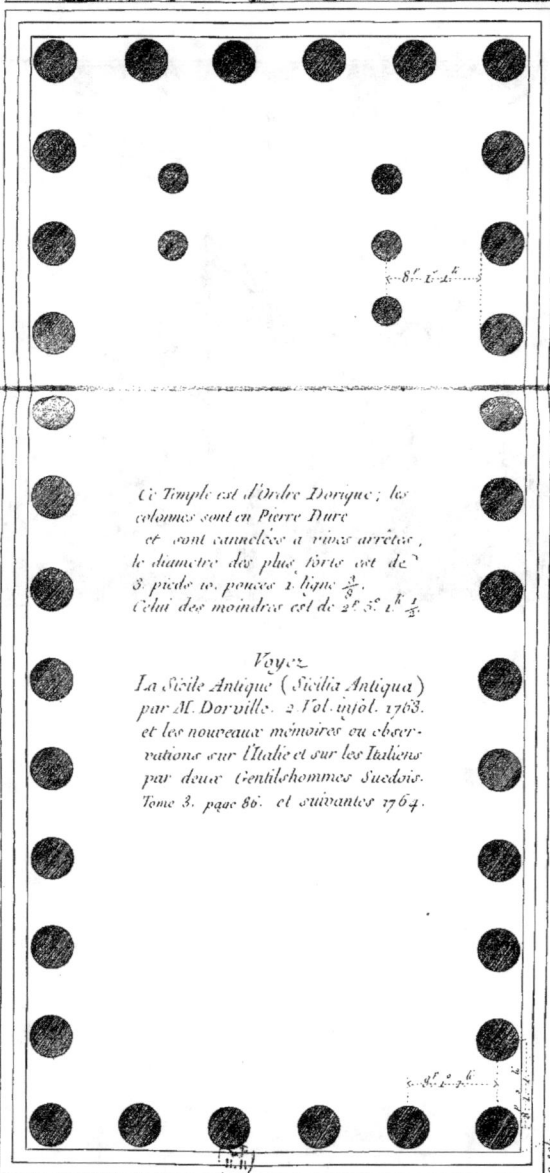

Ce Temple est d'Ordre Dorique ; les
colonnes sont en Pierre Dure
et sont cannelées a vives arrêtes ,
le diametre des plus forts est de
3 pieds 10. pouces 1 ligne $\frac{2}{8}$
Celui des moindres est de 2.ᵖ 5. 1.ˡ ½

Voyez
La Sicile Antique (Sicilia Antiqua)
par M. Dorville. 2 Vol. in fol. 1763.
et les nouveaux mémoires ou observations sur l'Italie et sur les Italiens
par deux Gentilshommes Suedois.
Tome 3. page 86. et suivantes 1764.

Dumont del.   Poulleau Sculp.

Vuë perspective du plus petit des trois Temples antiques de Pæstum.

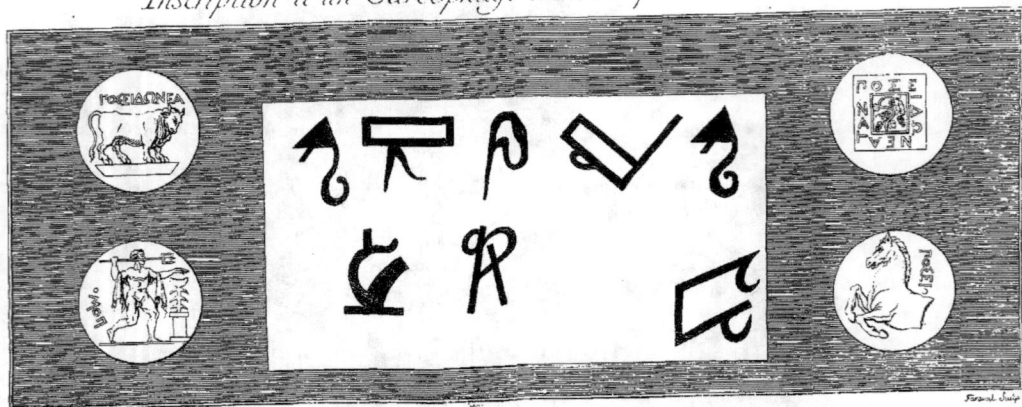

Inscription d'un Sarcophage trouvé près de Pæstum.

Plan et Coupe d'un Réservoir nommé par les Italiens, la Piscina mirabilie, situé entre Bayes et Misene, en un canton nommé Bauli.

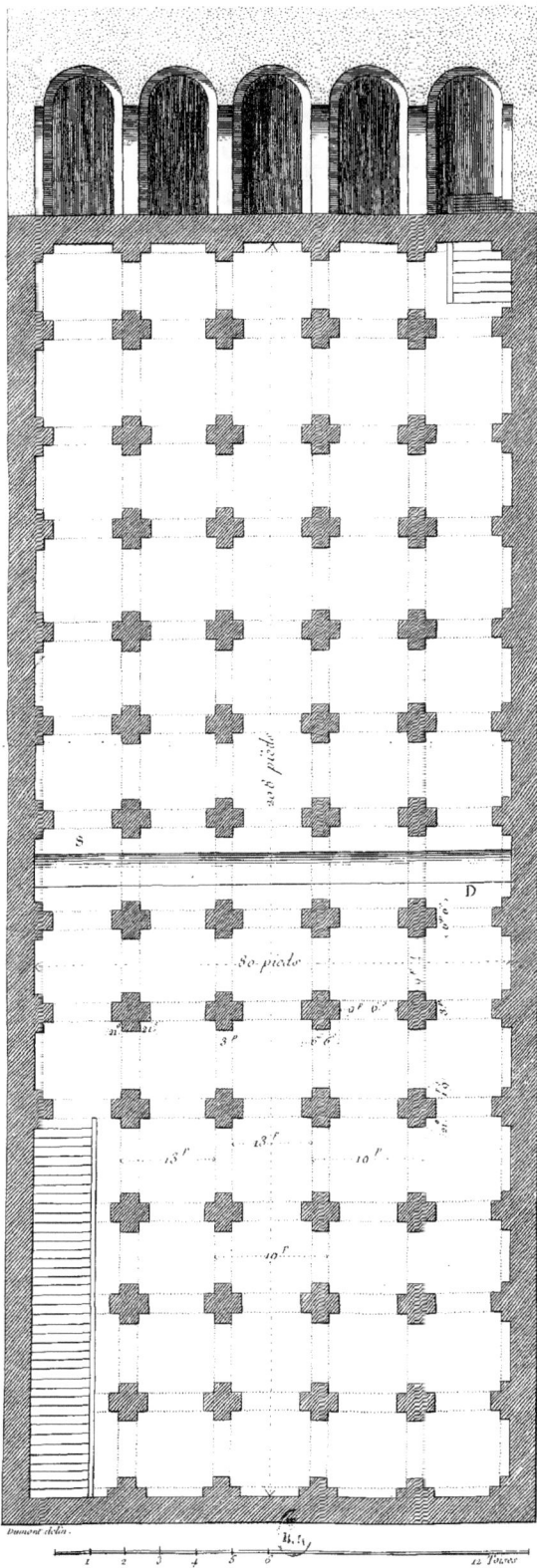

Ce Réservoir fut construit près d'un Temple de Diane, et des maisons de plaisance d'Hortensius et de Lucullus, l'on croit que ce fut ou l'Empereur Neron, qui le fit faire pour des Bains, ou Agrippa, afin d'y conserver de l'eau pour le service des Flottes.

Le Pavé est en pente en sorte que toute la fange descendoit dans le Canal, S, D.

La Batisse avoit été faite avec beaucoup de soin et étoit encore très solide en 1750.

Sur le haut de cette Piscine, il y avoit des goutières de pierre, par ou l'eau couloit dans ce réservoir pendant le temps des pluyes, cet Edifice étant enterré de toute la hauteur du plus grand Escalier.

Les Piliers sont de Brique en liaison, ainsi que les murs du pourtour.

L'on ignore la composition de l'Enduit, lequel a environ 2 lignes d'épaisseur. On en distingue les différentes couches qui sont d'une grande dureté. Il y a lieu de croire que c'est un ciment composé de Pouzzolane, espèce de sable que l'on trouve autour de la Ville de Pouzzol, dont le plus fin sert pour les Enduits, et se lie admirablement avec de la Chaux de marbre, il sèche d'autant plus promptement qu'on a plus soin de l'arroser, ou pour mieux dire de le noyer à force d'eau, il prend dans l'eau, et fait corps avec toutes sortes de Pierres, il ne resiste point au feu.

Dumont delin.

1 2 3 4 5 6   12 Toises

A. Niche où etoient les Statues de
   Neron et de Germanicus.

B. Niches où l'on a trouvé des
   Peintures.

C. Piedestaux.

D. Portiques.

E. Espaces où etoient placées alter-
   nativement des figures de
   Bronze ou de Marbre.

F. Socles sur lesquelles se plaçoient
   les Juges.

G. Portiques sous lesquels les gens de
   pied se mettoient à couvert.

H. Portiques sous lesquels etoit
   placé la Statue Equestre
   de Balbus.

I. Lieu où se renfermoient les Us-
   tenciles necessaires pour les
   Sacrifices.

K. Grand Piedestal qui portoit
   un Char de Bronze.

A

B   D   B

D

E   E

Cour entre les Portiques
du Forum, ou Chalcidique.

D   D

F   E

Maisons

G   H   H   G

I   I

Temple
voûté

Temple
voûté

Maisons ornées de peintures
dont quelques unes etoient
pavées de Marbre de differentes
couleurs: d'autre de Mosaïques.

Maisons

Rue

Maisons

1 2 3 4 5 6   12 Toises

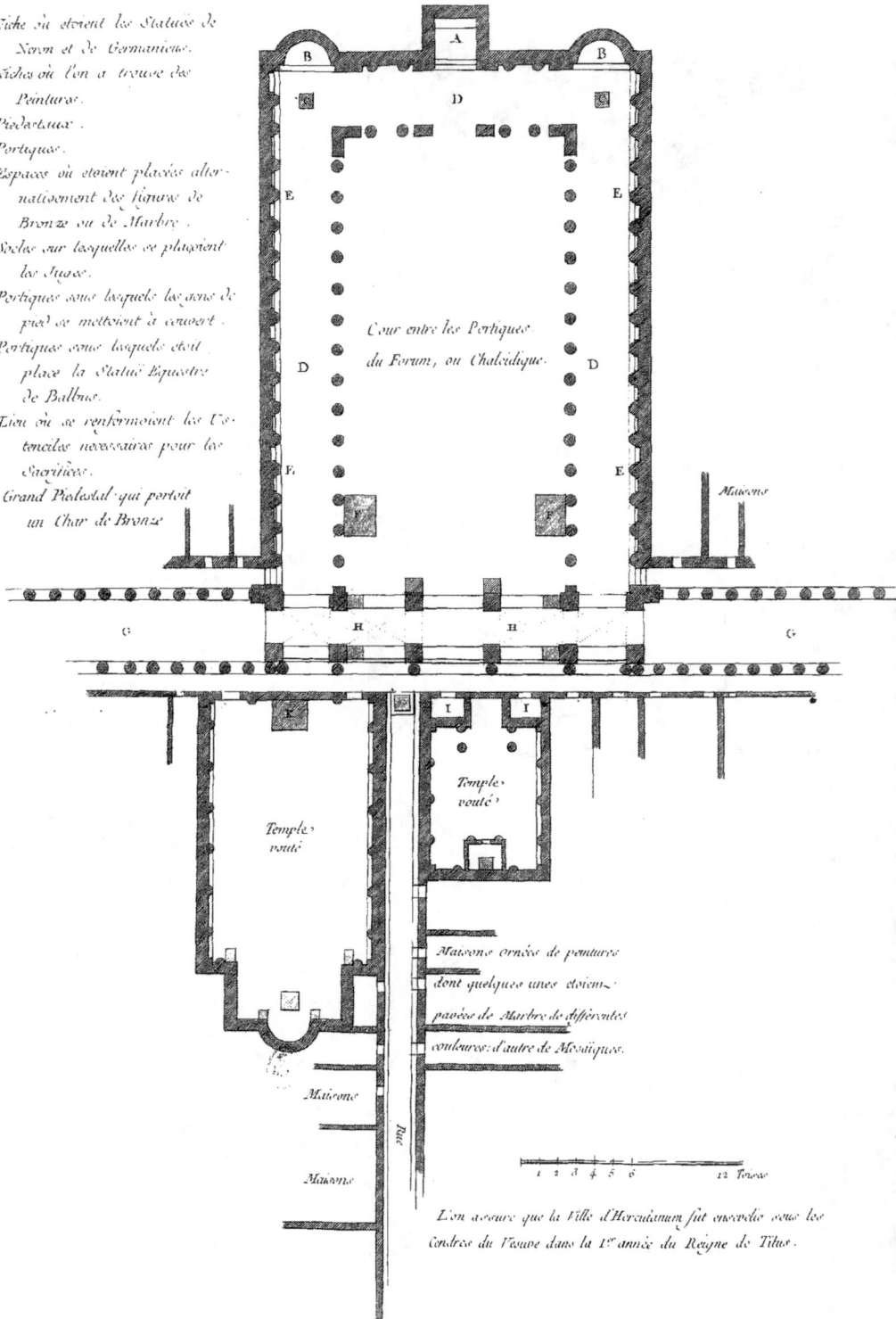

L'on assure que la Ville d'Herculanum fut ensevelie sous les
Cendres du Vesuve dans la 1.re année du Regne de Titus.

Dumont delin.

Charpentier sculp.

Coupe et Profil d'un Caveau ou de Catacombes de la Ville d'Herculanum.

Au dessus de chaque Vase, étoient écrits
les noms des anciens Hercoléens.

Vestige d'un grand Monument.

Echelle de 2 toises

1 2 3 4 5 6   2 Toises

Partie de Plan d'un grand Monument.

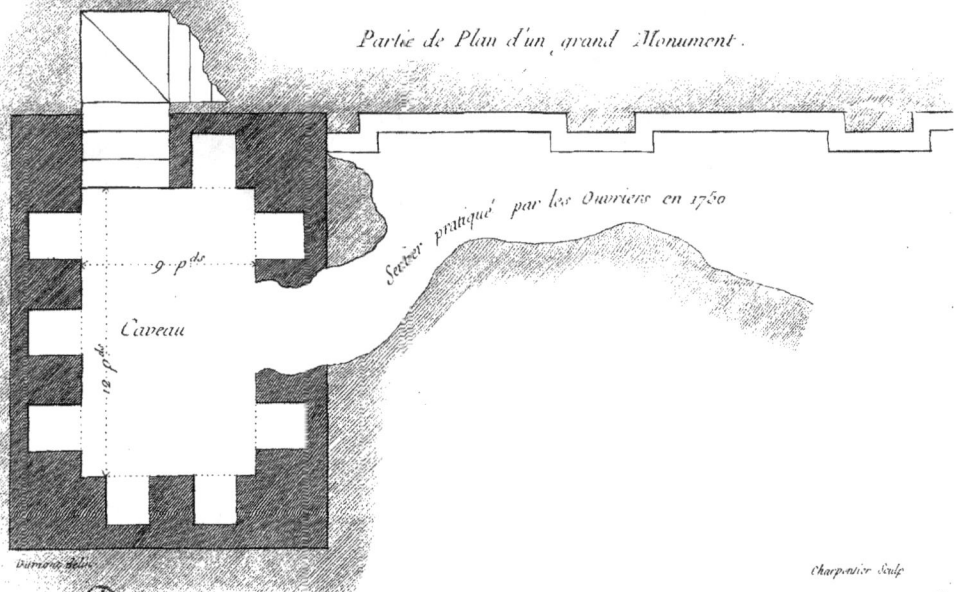

9 pds.

12 pds.

Caveau

Sentier pratiqué par les Ouvriers en 1750

Dumont Delin.

Charpentier Sculp.

Vüe Perspective de la Ville de Capoüe sur le Chemin de Rome a Naples.

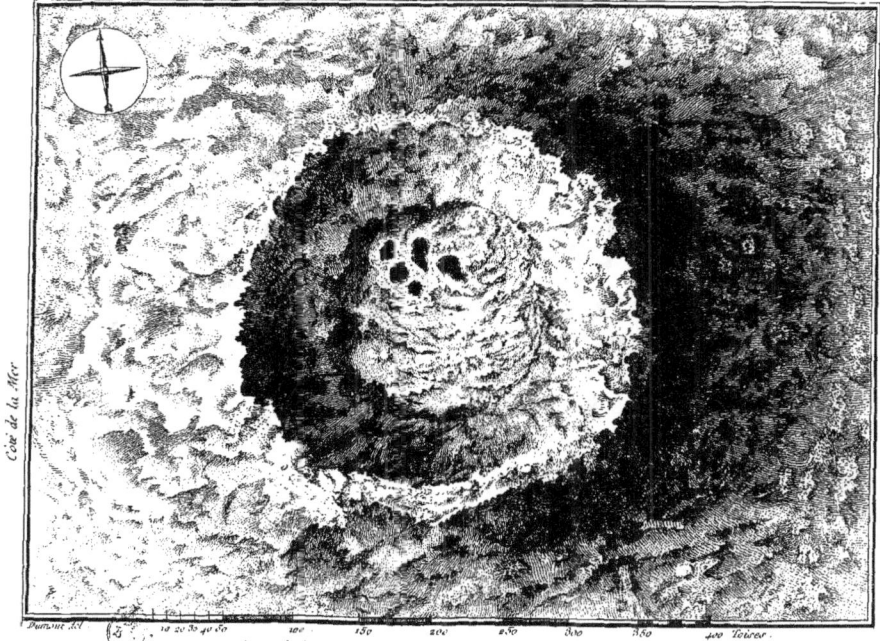

Côté de la Mer

Dumont del.   10 20 30 40 50   100   150   200   250   300   350   400 Toises.

Plan du Mont-Vésuve en l'année 1750.

Coupe du Mont Vésuve à deux lieues ½ de Naples, tel qu'il étoit le 9 Juin 1750. Parcouru et mesuré par

{ Au mois d'Octobre 1751 la Montagne s'entrouvrit
et vomit une quantité prodigieuse de Lave. }

M.M. Soufflot et Dumont.

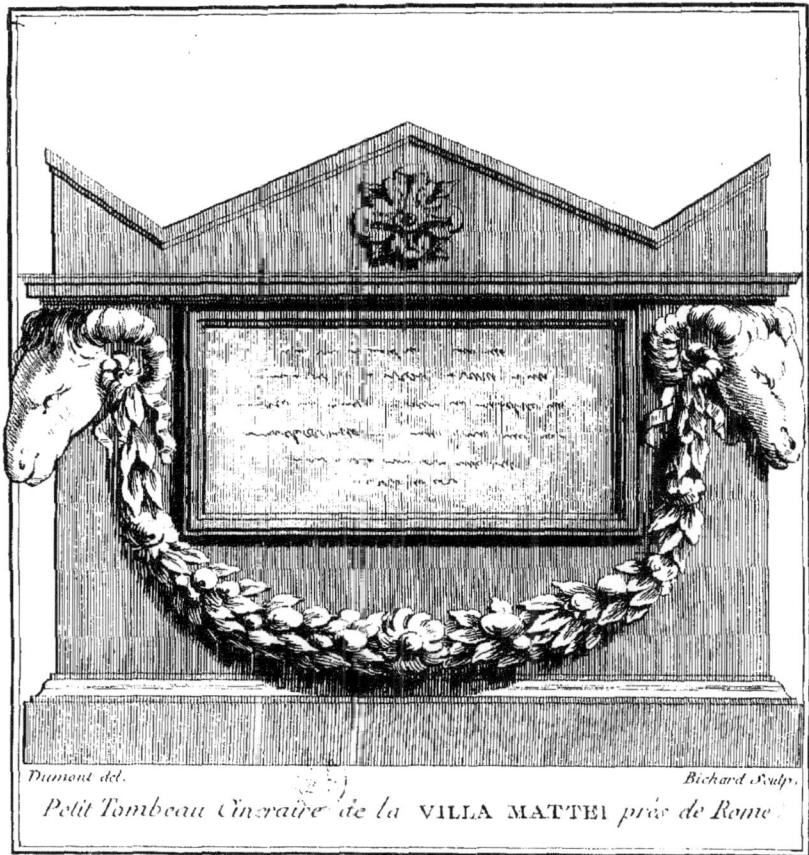

Dumont del.   Bichard Sculp.

Petit Tombeau Cineraire de la VILLA MATTEI *près de Rome.*

Petit Tombeau Cineraire de la VILLA MATTEI *près de Rome*

CARTE DE LA VILLE ET DES ENVIRONS DE PŒSTUM

dans la Grande Grèce.

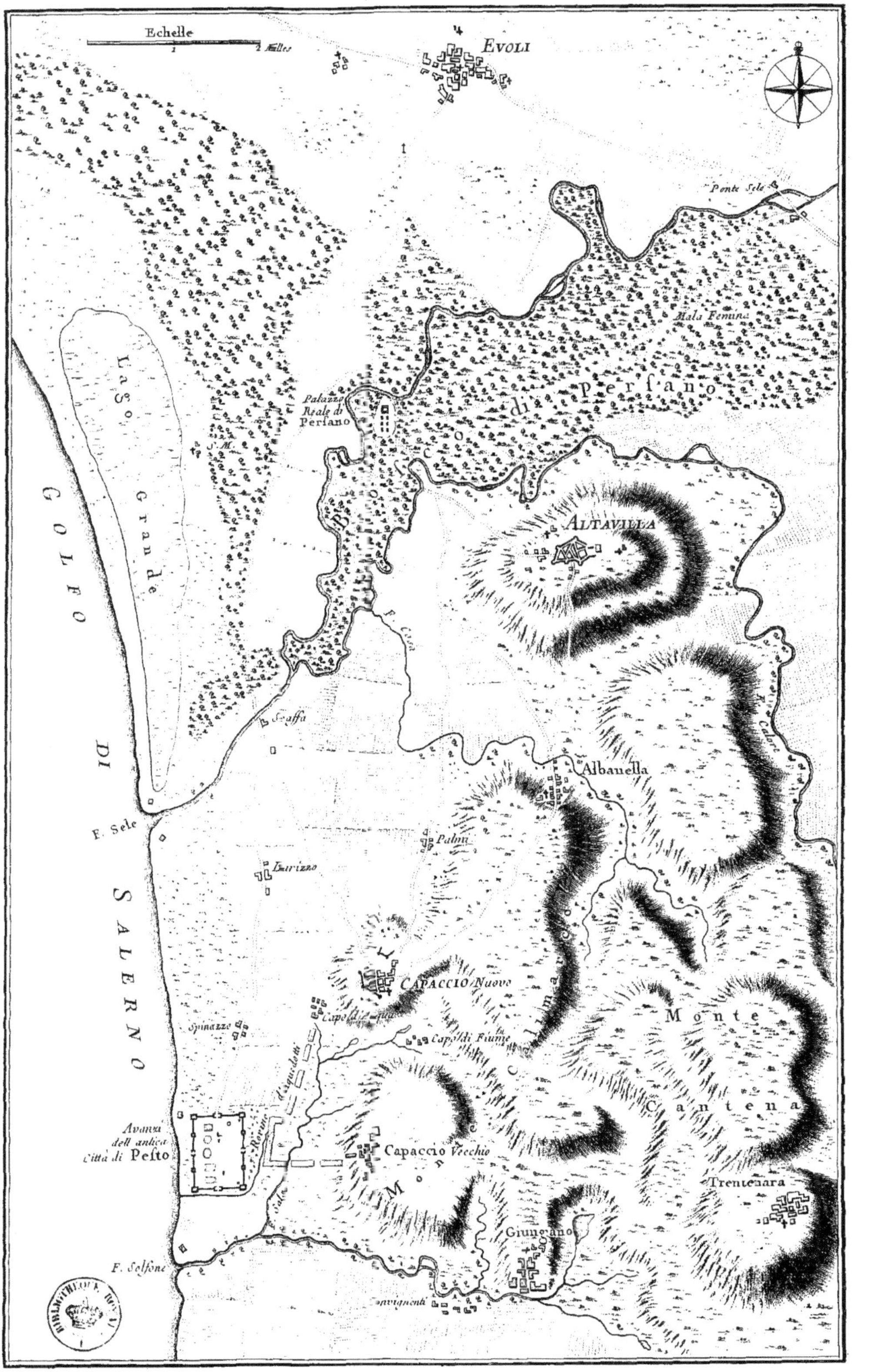

Echelle

EVOLI

Ponte Sele

Mala Femina

La So. Grande

di Persano

GOLFO

ALTAVILLA

Palazzo Reale di Persano

DI

F. Cosi

Scaffa

Albanella

SALERNO

Palm

F. Sele

Gurizzo

CAPACCIO Nuovo

Monte

Capo di ...

Capo di Fiume

Spinazze

Cantena

Avansa dell' antica Città di Pesto

Capaccio Vecchio

Trentenara

F. Solfone

Giungano

arvignenti

CATALOGUE de l'Œuvre complet de Mr DUMONT Professeur d'Architec-
-ture membre des Académies de Rome, Florence et Bologne imprimé avec
privilége du Roi et approbation de l'Académie royale d'Architecture.

N°		Nombre des Planches de Chaque Suite	Prix de Chaque
1	LES PLANS COUPES, *Profils, Elevations et généralement tous les détails de la Basilique de S.t Pierre du Vatican à Rome, mesurés et cottés très exactement en mesures françaises avec des objets de compar.on le tout composé quatre vingt douze planches*	92	28.#
2	LES *Vües, Plans, Coupes et Elevations de trois Temples antiques de la Ville de Pæstum dans la grande Grèce au Royaume de Naples* (+)	16	9
3	ETUDES *d'Architecture de differens maitres Italiens*	12	3
4	PARALELLES *de grands Entablemens et de Charpente à l'Italienne*	12	3
5	SUITTE *de Profils et détails de la Sacristie de N.D. de Paris, exécutés sur les desseins de M.r Soufflot Architecte et Controleur général des Batimens du Roi*	14	3
6	DIVERS *morceaux d'Architecture du S.r Dumont professeur d'Architecture*	16	4
7	UN *projet de distribution de maison bourgeoise à bâtir sur un emplacement de la ruë S.t Louis près le parc au cerfs à Versailles*	11	3
8	UN *projet de Belvédére ou Casin à l'Italienne de la composition du S.r Dumont*	9	3
9	PARALELLE *des plus belles salles de Spectacles d'Italie, d'Angleterre, de France avec trois projets du S.r Dumont, l'un pour un grand Théatre, un pour une salle de Concert, et un pour une salle en charmille à éxécuter dans un grand Parc*	35	12
10	SUITTE *de divers morceaux d'Architecture composés et mis en perspective par le Sieur Dumont professeur*	8	4
11	VASES *et fontaines de differens Maitres*	8	3
12	SUITTE *de Vües de divers Edifices tant d'Italie que de France avec des notes et remarques sur les parties les plus intéressantes, on y a joint des compositions libres dans le genre pittoresque*	25	9
	TOTAL *général de l'Œuvre complet et terminé définitivement à*	258	84

Cet Œuvre peut s'acquerir ou en totalité ou par suites ou même par volumes séparés.
Toutes les parties ensemble de S.t Pierre Numerotées(1) composent le premier volume qui est du prix de 36

La 2.e comprend les Cayers numerotés 2. 3. 4. 5. 6. 7. 8. du prix de 36

Le 3.e renferme les numeros 9. 10. 11. et 12 du prix de 36

Les trois volumes ensemble se vendent 108

Ils se trouvent A PARIS

Chez { *l'Auteur ruë des Arcis maison du Commissaire.*
{ *M.rs Joulain Pere et Fils Quay de la Megisserie à la Ville de Rome.*

(+) Nota. *La même suite de gravures fait aussi partie d'un Volume intitulé* Les Ruines de Pœstum *dont le texte est la traduction libre d'un ouvrage qui parut à Londres en 1768. Cette traduction qui est duë à M.r V.D.B. correspondant de l'Académie Royale des Sciences se trouve à Paris chés Jombert Libraire ruë Dauphine, et chés l'Auteur des Gravures.*

www.ingramcontent.com/pod-product-compliance
Lightning Source LLC
LaVergne TN
LVHW050306090426
835511LV00039B/1646